DE LA SOUVERAINETÉ

DE LA FRANCE

EN

AFRIQUE,

PAR

L'OCCUPATION RESTREINTE ET LE SYSTÈME DES RAZZIAS.

Par M. Nicolas de la Maisonne,

CAPITAINE DE GRENADIERS.

SE VEND,

Au bénéfice des inondés de Vaucluse,

A Avignon, chez Fructus, libr., r. Vieux-Setier.

1841

AVIGNON. J. - B. JOUDOU, IMPRIMEUR.

J'ai cherché dans les pages qui suivent, à exprimer, avec la franchise du soldat, mes idées sur l'Afrique et à démontrer que la cause de l'humanité donnait la main à nos intérêts dans l'occupation restreinte.

Je n'ai pas eu d'autres prétentions. Ceux qui verraient dans quelques pages de cet opuscule une tendance à une critique quelconque, ne me connaissent pas et commettraient une erreur grossière.

Ce que j'ai dit, j'ai cru qu'il était bon de le dire, mais sans arrière pensée, sans crainte, sans motif de blâme ni de louange.

Dans l'amour qui m'anime pour mon pays, il m'a paru que mon opinion écrite pouvait être de quelque utilité; dès lors j'ai dû mettre ma plume, si faible qu'elle soit, au service de mon pays avec le même dévouement que depuis vingt-cinq ans mon épée et ma vie. Ma pensée ne va pas au-delà.

Nicolas de la Maisonne,

Capitaine de grenadiers. Lég. étr. (Afrique).

A résolution prise par la France de conserver l'Algérie est un fait *solennel* et *accompli ;* l'honneur, l'intérêt de la patrie, veulent qu'on fonde dans ce pays un établissement politique et commercial destiné à agrandir et à assurer la puissance française dans la Méditerannée.

Ne récriminons point sur le passé.... Le gouvernement et les nombreux gouverneurs qui se sont succédé ont travaillé tour-à-tour au bien de la colonie....

Personne n'y a réussi.... Voyons s'il y a lieu de réparer le mal et de faire de ce beau pays une conquête solide et profitable.

La chambre des députés, gardien fidèle des intérêts des contribuables, veut depuis long-temps savoir quel sera le terme de nos dépenses déjà si considérables, en hommes et en argent ; je le dis à regret, mais avec cette franchise qui doit caractériser un soldat, par une fatalité déplorable, non-seulement ce terme semble reculer à mesure que les années se succèdent, mais les sacrifices de toute nature augmentent chaque jour sans amener les résultats qu'on devait en attendre. Des milliers d'actes contradictoires ont été commis en Afrique. On entreprend aujourd'hui des conquêtes et des OCCUPATIONS lointaines destinées à être pour l'avenir autant de nombreux embarras et de difficultés nouvelles.

Elles ruinent le trésor (voir le budjet (1840), déciment l'armée ([1]), et tous ces sacrifices d'or et de sang sont hors de proportion avec les résultats obtenus et à obtenir.

En thèse humanitaire comme en thèse politique , l'occupation générale est plus qu'un leurre ... C'est une utopie , un rêve insensé dont les projets de réalisation n'offrent aucune garantie et n'auront *jamais* de résultats.

L'occupation générale doit donc être abandonnée et être remplacée dans les plans gouvernementaux par l'occupation restreinte, sans que les *droits souve- rains* de la France souffrent en Afrique la *moindre atteinte.*

La Métidja , cette terre vaste et fertile , d'où vingt à vingt-cinq mille colons peuvent tirer la subsistance de tous nos établissemens de la province d'Alger, fera nécessairement partie de l'enceinte réservée.

Pour l'occuper militairement et d'une manière *infranchissable*, il faudrait établir quatre camps prin- cipaux comme celui du Foudouck, avec casernes, ma- gasins , écuries , hôpitaux, etc. ; camps qui communi- queraient entre eux par une route et des blokhaus intermédiaires.

Cette ligne serait tracée pour limites aux établisse- mens des colons ;

([1]) L'armée en 1840 a vu périr par les maladies le cinquième de son effectif.

Entourer la plaine d'un canal de vingt à vingt-cinq pieds de largeur sur quinze de profondeur, canal qui l'assainirait, l'arroserait et pourrait immédiatement servir de moyen de transport et de communication.

La Métidja est déjà sillonnée par sept à huit routes qui conduisent au Fondouck, Belida, Coléah, etc., etc.; elle est traversée par trois rivières, la Hamise, L'Aratch et la Chiffa, rivières qui seraient utilisées et jetées dans le canal principal.

L'armée serait appelée, sous la direction du génie militaire, à exécuter tous les travaux de routes canaux, camps, etc.; à chacun de ces camps retranchés, centre de notre glorieuse conquête, il serait établi des marchés.

Les provinces d'Oran et de Constantine auraient aussi à se retrancher en prenant pour limites militaires et coloniales, et pour point de départ des colonnes mobiles (dites *Razzia*), un rayon assez grand de terrain pour subvenir *dans tous les cas* aux besoins de la population civile et militaire;

On agirait de même sur tous les autres points du littoral que nous occupons et dont un ou deux, comme l'inabordable et insalubre *Gigelli*, seraient abandonnés; ayant soin de placer dans les garnisons *importantes* de ce littoral un escadron de cavalerie, afin d'obliger l'Arabe à ne point répondre à l'appel d'Abd-el-Kader et à rester chez lui dans la crainte des *Razzia*.

Constantine, Médéah et Miliana *seraient* remis *aussitôt* que cela serait possible au pouvoir de Mus-ta.. ..a, Jussuff et autres puissants alliés compromis avec Abd-el-Kader par leur sang versé à notre service ; ces beys seraient chargés de gouverner, d'administrer ces pays et de percevoir l'impôt pour le compte de la France, qui en toutes occasions leur donnerait la main et les soutiendrait de sa puissante épée.

Il est certain qu'en suivant un bon système de justice et de protection envers les tribus qui viendraient à nous, nous amènerions les Arabes, non pas à une fusion *impossible*, mais bien à un contact plus fréquent, à la nécessité de commercer avec nous et de nous vendre leurs produits.

Notre domination sera préférée aux orages et aux excès de la domination usurière et sanguinaire d'Abd-el-Kader et de ses acolytes qui se la disputent depuis la chute des Turcs.

Le succès est certain, si nous nous bornons envers les tribus *soumises* à une autorité pacifique et tutélaire, à un impôt raisonnable (pour les Arabes la perception de l'impôt est le signe réel de la souveraineté). Que leurs cheiks soient nos cheiks, respectons leur religion, leurs mœurs, respectons la tribu ; c'est leur arche sainte ; ce sanctuaire de leur liberté doit être inviolable !

Une fois que notre première ligne serait bien assise et fortement occupée, nous sommerions les tribus *insoumises* de reconnaître notre autorité en payant l'impôt ; et quoiqu'une expérience de dix ans nous ait montré les Arabes en général *incivilisables* par les moyens doux, persuasifs et philanthropiques, nous procéderions une *dernière fois* à la française. Mais aussi, à l'exemple des Turcs qui avec douze à quinze mille hommes ont gouverné le pays pendant trois siècles , quand notre patience serait lasse de démonstrations amicales ; par nos excursions rapides et imprévues , nous exercerions de salutaires et terribles vengeances contre celles qui ne se soumettraient pas ; nos *razzias* imprimeraient autour de nous la soumission, le respect et la terreur; nous soumettrions les tribus des environs par l'enlèvement des troupeaux , le pillage , la destruction des moissons , etc , etc , nous agirions ainsi par les voisins sur les plus éloignés.

Avant tout, il est indispensable de briser l'unité créée par Abd-el-Kader ; que ce marabout sanguinaire soit traqué comme une bête fauve ! que sa tête soit mise à prix ! la raison d'état l'ordonne, la politique l'exige; les mânes de nos frères assassinés et jamais vaincus réclament vengeance... le sang veut du sang.

La puissance d'Abd-el-Kader *anéantie*, les deux systèmes dont nous venons de parler seraient immédiatement appliqués à l'Afrique.

1° Système de justice , d'équité et de protection envers les tribus soumises.

2° Système de *Razzias* et de salutaire terreur contre les récalcitrans.

Eux seuls sont capables d'amener les résultats que réclament nos sacrifices.

Le gouvernement devra les permettre et les ordonner même , ou quitter au plus vite une terre arrosée depuis dix ans de l'or et du sang de la mère patrie. Là où il n'y a ni sécurité ni confiance , l'exploitation du sol est impossible ; il y aurait imprudence , je dis plus , il y aurait crime à appeler des colons sans pouvoir leur *répondre* du terrain qu'on leur donnerait à travailler.

- Aujourd'hui nous ne pouvons répondre en Afrique que du camp et du blokaus que nous occupons militairement, et du terrain que nous foulons aux pieds dans nos excursions.

- Je soutiens, sans crainte d'être démenti, que la confiance des colons ne dépasse pas la Maison-Carrée. A deux portées de canon de tous nos postes, qui répondra au cultivateur de sa récolte, qui lui répondra de sa tête ?

La colonisation ne peut pas, ne doit point précéder les conquêtes. Jusqu'à ce jour nous n'avons rien conquis *sérieusement.*

Lorsque notre première ligne serait bien occupée et rendue invulnérable, pour que la colonie pût fructifier, il faudrait de toute nécessité lier le militaire au civil et faire partager aux soldats les travaux de dessèchement et d'agriculture. Ce serait mal comprendre ses devoirs que de séparer ces deux élémens....

Que l'armée, au lieu d'épuiser toute son énergie, tout son sang, dans des expéditions et surtout des occupations insensées et mortelles, dans des inspections, des parades sans but, consacre ses bras à l'œuvre de la colonisation ; qu'elle canalise, assainisse et cultive cette plaine de la Métidja, terre si fertile et qui sera un jour le grenier d'abondance de la colonie.

Qu'on distribue aux soldats libérés des terrains qui leur assureront de l'aisance pour le moment, de la prospérité pour l'avenir.

Les propriétaires qui ont voué leur fortune et leurs talens à l'œuvre de la colonisation sont rares et se comptent en Afrique : on cite honorablement dans la province d'Alger les MM. Vialard , Guillem , Montaigu , Chopin, Tonnac , Tobler , etc. , etc.

Par contre , des agioteurs, qu'en général de mauvaises affaires ont poussé en Afrique, soi-disant colons, pullulent , se livrant à toute espèce d'industrie, ventes de rentes , vente de maisons ou de terres (les trois quarts des terres en Algérie ont été vendues et revendues vingt fois sans seulement être défrichées). Ceux-ci clabaudent , crient , dénigrent et flattent tour-à-tour hommes et choses ; trompant la presse par leur correspondance mensongère , presse qui involontairement à son tour trompe la France. Aussi c'est à la presse *trompée* que j'en appelle , à la presse trompée dans sa bonne foi , mais indépendante , mais libre dans l'expression de sa pensée ; qu'une commission soit nommée par elle ; qu'elle parte pour l'Afrique; qu'elle vienne partager pendant *un an* la ration et la misère du soldat , bravant, comme lui , les chaleurs accablantes , les fatigues , les fièvres et le climat mortel du pays…. Oh ! je suis sûr qu'en rentrant en France , elle plaiderait comme moi la cause de l'humanité , la cause de l'occupation restreinte !

Vos rêves de fusion ne se réaliseront jamais ; vous ne pouvez vivre avec les Arabes que côte à côte et sans vous confondre ; oui , plus on avancera dans l'intérieur, plus la mortalité fera des ravages effrayans ; plus les embarras augmenteront , plus la fièvre décimera votre jeune armée ; oh ! oui, l'armée ! qui donc pense à l'armée ?…. L'armée, depuis dix ans *mal logée* , *mal nourrie* , *exploitée,* arrose inutilement cette terre de son sang le plus pur….

Il serait temps cependant de penser à elle. L'armée réclame des hommes jeunes, des chefs qui *l'aiment* et la comprennent, des chefs qui soient *humains* et non égoïstes et qui goûtent de temps à autre le biscuit du bivouac et le bouillon de l'ambulance.

Elle espère avec confiance de grands soulagemens à ses souffrances et des améliorations importantes de son nouveau gouverneur, officier général déjà connu à l'œuvre et méritant à juste titre l'affection et la sympathie du soldat.

Et en fait d'améliorations matérielles, nos troupes d'Afrique n'ont-elles rien à attendre ? Par exemple, n'est-il pas palpable que la formation, l'organisation d'une troupe doit varier suivant le climat du pays, la constitution des lieux, l'espèce d'hommes qu'on a à combattre.

En Afrique, pourquoi des buffletteries, des gibernes si lourdes, des sabres-poignards, des habits étouffans? pourquoi porter dans nos excursions tous ces vêtemens lourds et de parade ?

L'équipement, l'habillement, l'armement de l'armée d'Afrique doivent être réformés. Quand nous allons au combat, nous ressemblons plutôt à des porte-faix qu'à des hommes de guerre.

Si nous ne pouvons être aussi légers que les Arabes, nous devons être du moins assez mobiles pour passer partout.

Plus de caissons, de convois-monstres, de canons de gros calibre ; ce matériel est embarrassant. Nous ne devons point d'ailleurs nous croire inférieurs aux Arabes, nous Français, qui avons une organisation, une discipline, une tactique qu'ils n'ont pas. Sans

canons, nous finirons par les *joindre* et les *anéantir.*
L'infanterie d'Afrique doit être légère et bien armée.
La cavalerie réclame aussi de grandes améliorations.
Puis l'avancement, cette étoile du soldat, ce stimu-
lant aux actions glorieuses, ne devrait-il pas être ex-
clusivement dévolu en Afrique aux soldats de l'armée
d'Afrique et partagé entre eux? Et les priviléges
d'avant-garde, de postes d'honneur ou d'expéditions
et les mille petites *préférences* qui se font le plus
souvent sans calcul et sur lesquelles le soldat ouvre
un œil d'envie, parce que son amour-propre ou l'a-
mour-propre de son corps y est intéressé ; voilà des
réformes à essayer, des réformes éminemment justes
et utiles, des réformes que l'armée accueillera avec
joie : si les braves sont de tous les régimens, l'*égalité*
doit régner entre tous les composants d'une armée.

Il y a dans cette *impartialité* qui s'attache à tous et
n'exclut personne, tous les élémens de succès.

Je poursuis mes idées sur l'Afrique. La répartition
des corps exige quelque prudence, fondée sur l'habi-
tude et l'hygiène; aux régimens qui n'ont point encore
fait la guerre et qui arrivent de France, la guerre
des blokaus et des camps, les garnisons et le service
du littoral. Là, ils s'acclimateront et s'habitueront
à la guerre des Arabes. Aux régimens indigènes
(Zoaves, bataillons d'Afrique, légions), et à ceux qui
sont depuis long-temps en Algérie, *tous* soldats
aguerris et acclimatés, la guerre des montagnes et
les expéditions dites *Razzias*....

Il est urgent aussi, non-seulement dans des considé-
rations philanthropiques, mais aussi dans les intérêts
du trésor, qu'on forme pour le service d'Afrique des

régimens coloniaux qui à chaque inspection générale se recruteraient en France d'officiers, sous-officiers et soldats de bonne volonté.

Il *faut* à l'Afrique des soldats physiquement et *moralement* organisés, c'est-à-dire d'une constitution vigoureuse, gens qui ne portent point dans ces plages insalubres le regret de la patrie et que ne décime point la nostalgie, cette fièvre lente du moral....

L'expérience est là qui prouve que les régimens qui arrivent de France et qu'on a le tort d'envoyer dans l'intérieur aussitôt débarqués, perdent la moitié plus de monde par les maladies que les *vieux régimens.*

On pourrait augmenter le nombre des bataillons d'infanterie légère d'Afrique. Cette organisation est toute africaine.

Il faudrait aussi que le gouvernement portât ses regards sur l'administration civile et militaire. L'une et l'autre sont trop *compliquées*, elles demandent une réforme ; on verra bientôt en Afrique plus d'habits brodés que d'habits de soldats.

On dirait que la terre d'Afrique est la terre classique des sinécures et de l'agiotage.

Ab uno disce omnes.

BOUGIE,

Petite ville sur le littoral entre Alger et Philippeville, habitée par vingt-cinq à trente familles françaises, espagnoles et maltaises.

Elle a pour garnison un bataillon de sept à huit cents hommes et une armée d'employés.

Un commissaire civil (sous-préfecture), ayant

Un secrétaire,

Un commissaire de police,

Des agens de police et une brigade de gendarmerie à ses ordres,

Un payeur, directeur de la poste,

Un comptable avec officiers d'administration, et quinze à vingt employés,

Un capitaine de port avec employés,

Deux capitaines, adjudants de place,

Un receveur et une section de douaniers,

Un sous-intendant militaire avec secrétaire, employés, etc, etc.

Un hôpital où les trois quarts de l'année il n'y a pas cinquante malades ayant

Un directeur en chef,

Un médecin en chef,

Un chirurgien major,

Trois ou quatre aides-majors ou pharmaciens,

Trois ou quatre sous-aides,

Trois ou quatre adjoints ou officiers d'administration, employés, etc.

Il y a aussi à Bougie un colonel d'état-major, commandant supérieur ayant deux interprètes.

Je soutiens que le plus modeste sous-lieutenant pourrait *au besoin* défendre Bougie, si on n'avait pas dans cette place un chef de bataillon, officier modeste et du plus grand mérite, ex-commandant supérieur de Gigelli, oublié là depuis trois ans avec son beau bataillon.

Ayez à Alger un bon préfet, administrateur habile et honnête.

A Oran , un sous-préfet.

A Philippeville aussi.

Mais dans tous ces prétendus villages de l'intérieur et du littoral qu'on fait sonner si haut et qui ne sont qu'une agglomération de cantiniers et de cabaretiers ,

Ayez un bon maire; mettez sous ses ordres un brigadier , quatre gendarmes et un secrétaire habile.

Je termine en soutenant que dans les intérêts de la colonisation même , mais surtout dans les intérêts du trésor et de l'humanité, l'occupation générale qui ne profiterait qu'aux industriels et aux agioteurs, devra être abandonnée *aussitôt* que l'on aura *terrassé* Abd-el-Kader et rasé ses ÉTABLISSEMENS.

Moitié de tous nos employés , moitié de notre artillerie , moitié de notre état-major général , tous les régimens français (si on organise des bataillons coloniaux) qui n'apprennent en Afrique que la guerre des broussailles, rentreraient en France ; vos dépenses diminueraient de moitié. Le commerce avec les Arabes, que notre système des *Razzias* effraiera et finira par soumettre complètement , prendrait une liberté , une extension que nous n'avons jamais obtenues et que nous *n'obtiendrons jamais que par l'occupation restreinte* qu'une expérience de dix ans , les mœurs arabes , la politique et la raison d'état CONSEILLENT.

www.ingramcontent.com/pod-product-compliance
Lightning Source LLC
Chambersburg PA
CBHW051321050726
47595CB00008B/3650